Die Spieltheorie f

Ernest Maya
Ibrahim Ngouhouo

Die Spieltheorie für Wirtschaftswissenschaftler

Ein Analysewerkzeug

ScienciaScripts

Imprint

Cover image: www.ingimage.com

This book is a translation from the original published under ISBN 978-613-8-43507-5.

Publisher:
Sciencia Scripts
is a trademark of
Dodo Books Indian Ocean Ltd. and OmniScriptum S.R.L publishing group

120 High Road, East Finchley, London, N2 9ED, United Kingdom
Str. Armeneasca 28/1, office 1, Chisinau MD-2012, Republic of Moldova, Europe

ISBN: 978-620-6-21268-3

Inhaltsverzeichnis

Ernest Maya ist Inhaber des Lehrstuhls für Wirtschaftswissenschaften am Institut Supérieur Yerima Dewa in Garoua (Kamerun). Er ist derzeit Doktorand in Wirtschaftswissenschaften, wo er seine Forschungen in den Bereichen Umweltökonomie, Agrarökonomie und strategische Spieltheorie fortsetzt. Er ist spezialisiert auf spieltheoretische Modellierung in den Bereichen Landwirtschaft, Management und anderen Wirtschaftszweigen. Er hat die Arbeit an seiner Dissertation abgeschlossen und wartet nur noch auf eine mögliche Programmierung.

Ibrahim Ngouhouo ist Maitre des Conférences in Wirtschaftswissenschaften an der Universität Dschang (Kamerun). Er ist Autor und Co-Autor mehrerer Bücher und hat zahlreiche Artikel veröffentlicht. Er verfügt über umfangreiche Erfahrung in der Finanzmakroökonomie und mit makroökonomischen Modellen. Er hält Vorträge an mehreren Hochschulen und Universitäten, insbesondere an der Universität von Bamenda und am Institut des beaux-arts de Foumban, dessen stellvertretender Direktor er ist. Seine Forschungsschwerpunkte liegen in der Makroökonomie und vielen anderen Bereichen der Wirtschaft, wie z.B. der Entwicklungsökonomie.

Einführung

Die Wirtschaft ist eine Wissenschaft, die auf Rationalität beruht. Denn die Wirtschaftssubjekte müssen Entscheidungen treffen, die ihren Nutzen maximieren. Interaktionen zwischen den Wirtschaftssubjekten sind unvermeidlich. Ein Unternehmen muss entscheiden, ob es in einen Markt eintritt oder nicht, ein Unternehmensleiter muss seine Angestellten informieren oder nicht, sind nur zwei Beispiele für strategische Interaktionen. Die Spieltheorie umgibt uns jeden Tag und ist Teil unseres Alltags. Da die Spieltheorie eine Wissenschaft der strategischen Interaktion ist, ist sie ein Werkzeug zur Analyse und Modellierung von wirtschaftlichen Situationen. Dieses Buch soll Studenten, die im Bereich der Spieltheorie forschen wollen, einen Denkrahmen für diese Spur vermitteln. Denn die Mikroökonomie ist überall und die Welt wird in der Regel nur mit Hilfe von Verhalten modelliert. Wir bieten einen Rahmen für die Analyse der kooperativen und der nicht-kooperativen Spieltheorie. Individuen treffen individuelle Entscheidungen oder bilden Koalitionen, um gemeinsam Entscheidungen zu treffen. Die kooperative Spieltheorie ist eng mit der Bildung von Koalitionen verbunden. In den meisten Fällen gehen die Individuen dazu über, miteinander zu verhandeln und nutzen daher die Verhandlungsspiele der Spieltheorie. Zu den bekanntesten Koalitionsspielen gehören die Allokationen im Sinne von Shapley und die Allokationen mit Hilfe des Nukleolus. Zu den Verhandlungsspielen zählen unter anderem die Nash-Arbitrage-Spiele und die Kaalai-Smorodinsky-Verhandlungsspiele.

1 Mathematische Programmierung

In der Wirtschaft trifft man in den Analysen auf die lineare Programmierung und die nichtlineare Programmierung. Unabhängig davon, welches Programm angenommen werden soll, wird ein Programm durch seine Zielfunktion, die Variablen und die Beschränkungen charakterisiert.

1- lineare Programmierung

Wirtschaftssubjekte in ihrem optimierenden Verhalten können ein lineares Programm entwickeln. Dies ist der Fall beim Programm eines Landwirts, der seinen landwirtschaftlichen Gewinn optimiert. Auch ein Unternehmen versucht, seinen Gewinn zu maximieren, indem es eine Produktionsfunktion betrachtet.

1. Definition eines linearen Programms

Wenn die Einschränkungsfunktionen und die Zielfunktion lineare Funktionen sind, handelt es sich einfach gesagt um ein lineares Programm. Die Zielfunktion ist das Ziel des Wirtschaftsteilnehmers, der über begrenzte Ressourcen verfügt, für die er Einschränkungen hinsichtlich der Verfügbarkeit von Ressourcen formuliert.

Halten wir das Beispiel eines Landwirts fest, der seine Produktion maximiert. Wir beschränken uns auf den Fall, dass der Landwirt in der Bewässerungszone von Maga zwei Produkte anbaut. Er baut Reis und Tomaten durch Bewässerungssysteme an.

Tabelle 1; Daten zu den Ressourcen

Kultur	Verfügbare Ressourcen			Ertrag	Variable Kosten	Einkommen
	Land (ha)	Arbeit (Monate)	Wasserverbrauch (m^3 /ha)			
Reis	1	72	24500	4	35000	63000
Tomaten	1	48	3000	12	70000	300000
Zwiebel	1	48	5000	5	100000	400000
Gesamt	2893	500	35000			

Sein Programm wird formuliert durch :

Max 63000% + 3OOOOy + 400000

Sc

$X + y + z \leq 2893$

72% + 48y + 48z ≤ 50

24500% + 3OOOy + 5000z ≤ 35000

Um dieses Problem zu lösen, müssen wir identifizieren

- das Ziel: seine Produktion zu maximieren

- Wasser und Land sind seine Ressourcen, auf denen wir unsere Einschränkungen formulieren.

Die Lösung dieses Systems kann grafisch oder analytisch erfolgen.

Bei der grafischen Neuordnung zeichnet man die Zielfunktion und die Beschränkungen in eine Ebene ein. Dann lässt man eine Gerade parallel laufen, bis man das Optimum erreicht hat. Einschränkungen mit Ungleichheiten sind Halbebenen und ihre Schnittpunkte bilden den Bereich der Möglichkeiten. Die Menge der Einschränkungen mit Verfügbarkeiten ist ein konvexes Polygon.

Es gibt verschiedene Formen des linearen Programms:

- die gemischte kanonische Form :

Hier findet man eine Mischung aus Ungleichheiten mit Unter-, Ober- und Gleichheitszeichen. Man kann zum Beispiel

- Die reine kanonische Form

Die Gleichheitsbeschränkungen sind nicht vorhanden und können wie folgt geschrieben werden

- die kanonische Standardform

Wir finden darin nur die Gleichheitsbeschränkungen. Wir haben sie in der Form von :

Unabhängig von der Form des Programms sind die Variablen immer positiv. Für einen Forscher spielt die Form des Programms keine Rolle, da es Software gibt, die diese Arbeit erledigt (z. B. GAMS und MATLAB).

Übrigens lässt sich jedes lineare Programm in Standardform äquivalent zu einem Programm in rein kanonischer Form schreiben und umgekehrt. Diese Umwälzung erfolgt durch die Verwendung von Abweichungsvariablen.

II: Nichtlineare Programmierung

In der Wirtschafts- und Finanzwissenschaft werden wir in den meisten Fällen mit der Lösung nichtlinearer Probleme konfrontiert. Die Kostenfunktion eines Unternehmens ist in den meisten Fällen nichtlinear, die CES- oder Cobb-Douglas-Produktionsfunktion ist eine nichtlineare Funktion. Die Kostenfunktion der Landverteilung ist ebenfalls eine quadratische Funktion, die nicht linear ist. Ein Student in der Thesis-Sequenz muss also mit Daten umgehen, die zu nichtlinearen Gleichungslösungen führen.

1-Definition eines nichtlinearen Programms

Ein nichtlineares Programm ist ein Programm, bei dem die Zielfunktion oder die Einschränkungen nichtlineare Funktionen sind. So kann man z. B. versuchen, die Kostenfunktion eines Unternehmens zu minimieren, deren Ausdruck nicht linear ist. Es könnte auch darum gehen, die Produktion zu maximieren, deren Produktionsfunktion vom Typ CES nicht linear ist. In der Regel sind die Produktionsfunktionen nicht linear.

2-Beispiele für nichtlineare Programme

Das folgende Programm ist das Programm eines Landwirts, der versucht, seinen Nutzen unter den Beschränkungen der ihm zur Verfügung stehenden Ressourcen zu maximieren.

$$Max\,\pi = \sum_i \sum_j \left[p_{zi} \left(\mu_{zi} \left[\sum_j \beta_{zij} x_{zij}^{\gamma_i} \right]^{\vartheta/\gamma_i} \right) - \left(\left(\alpha_{zi} + 0{,}5\theta_{zi} x_{zi,terre} \right) + \sum_{j \neq terre} \omega_{zij} a_{zij} \right) \right] x_{zi,terre}$$

Sc.

$\sum_i a_{zij} x_{zi,terre} \leq b_{zj}: \forall z, j =$ {terre, eau; tavail}

$\sum_t x_{z,eau,t} \leq \xi b_{z,eau}\ \forall z$

Damit wird die Linearität wegen der Produktionsfunktion CES eingeführt.

Betrachten wir das zweite Beispiel, das die charakteristische Funktion von Spielern ausdrückt, die sich entscheiden, Koalitionen zu bilden.

$$v(s) = Maxf^s = \sum_i \sum_j \left[p_{zi} \left(\mu_{zi} \left[\sum_j \beta_{zij} x_{zij}^{\gamma_i} \right]^{\vartheta/\gamma_i} \right) - \left(\left(\alpha_{zi} + 0{,}5\theta_{zi} x_{zi,terre} \right) + \sum_{j \neq terre} \omega_{zij} a_{zij} \right) \right] x_{zi,terre}$$

Sc.

$\sum_i a_{zij} x_{zi,terra} \leq b_{zj}: \forall z, j =$ {terre, eau, travail}

$$\sum_t x_{z,eau,t} \leq \xi b_{z,eau}\ \forall z$$

$$\sum_t x_{z,travail} \leq \xi b_{z,travail}\ \forall z$$

Ein weiteres Beispiel für ein nichtlineares Programm ist die Verhandlungslösung von Nash-Harsanyi. Diese Gleichung erklärt, wie 4 Individuen, die bei der Zuteilung von Ressourcen verhandeln.

$$max \prod_{i=1}^{4}(s_i - d_i)$$

Unter Zwang

$$s_i \geq d_i$$

s_i ist die optimale Lösung am Ende der Verhandlung und d_i ist die Mindestmenge, die ein Spieler erhalten kann.

Sie liefert eine eindeutige Lösung, die die Nash-Axiome erfüllt.

2 Die Modelle der Spieltheorie

Die Spieltheorie beginnt ihre Lehren aus Adam Smiths Konzept der "unsichtbaren Hand" zu ziehen, der davon ausging, dass die Wirtschaft in Form von Strategien modelliert wird. Nach Smith hat ein rationales Individuum zwei Möglichkeiten: Entweder es verfolgt seine eigenen Interessen und erfüllt damit die allgemeinen Interessen der anderen oder es tut dies nicht und schadet damit dem kollektiven Interesse. Aber erst mit Cournot kam die Spieltheorie einen Schritt weiter, als er versuchte, ein Marktgleichgewicht zwischen zwei Unternehmen zu finden. Der eigentliche Durchbruch der Spieltheorie kam mit den Arbeiten von J-V Neumann und Oscar Morgenstern im Jahr 1944. Heute sind die Beiträge der Spieltheorie in all ihren kooperativen oder nicht-kooperativen, statischen oder dynamischen Formen zahlreich und bedeutend. Der Abschluss von Klimaverträgen, das Management von Konflikten um erneuerbare und nicht erneuerbare Ressourcen sind einige Situationen der modernen Spieltheorie. Im Allgemeinen gibt es zwei Zweige der Spieltheorie: nicht-kooperative Spiele und kooperative Spiele; ihre Anwendungsbereiche sind vielfältig. Obwohl die Wirtschaftswissenschaftler die ersten waren, die sich dieses Werkzeug aneigneten, wurden sie bald von Soziologen, Biologen, Politikwissenschaftlern und anderen Wissenschaften unterstützt. Ein Spiel wird als Metapher für das rationale Verhalten von Entscheidungsträgern betrachtet, die unabhängig voneinander in Situationen der Kooperation oder Koalition, des Konflikts, der Verhandlung usw. interagieren (Wei & Gnauck, Game theortical approaches to model water conflicts on a river basin scale, 2007b). Die Beiträge der Spieltheorie, sowohl in ihrem kooperativen als auch in ihrem nicht-kooperativen, statischen oder dynamischen Zweig, zur Untersuchung von Problemen Umwelt und nachhaltige Entwicklung sind zahlreich und bedeutend. Die Verwaltung einer natürlichen Ressource, erschöpfbar oder erneuerbar, oder der Kampf gegen den Klimawandel zum Beispiel ähneln strategischen Entscheidungsproblemen zwischen mehreren Agenten in Konfliktsituationen über den Anteil der Ressource, den jeder entnehmen kann, oder den Anteil der Last, die jeder tragen muss. Diese Interaktionssituationen sind so beschaffen, dass das Ergebnis der Handlung eines Agenten von den Handlungen der anderen Agenten abhängen wird, und natürlich ist sich jeder dieser gegenseitigen Abhängigkeit bewusst. Der Entscheidungsträger kann eine subregionale Organisation, ein Staat, ein Unternehmen, eine Gruppe, ein Organismus, eine Einzelperson oder sogar die Natur sein.

I Definition eines Spiels und theoretische Modelle

Ein Spiel wird als Metapher für das rationale Verhalten von Individuen gesehen, die unabhängig voneinander in Situationen der Kooperation, Koalition und des Konflikts interagieren. Sobald Individuen Strategien haben, um unter Berücksichtigung der Strategien anderer zu handeln, gibt es Spiel. In der Wirtschaft kann der Entscheidungsträger ein Produzent, ein Unternehmensleiter, der Staat oder jeder rational handelnde Wirtschaftssubjekt sein.

Mathematisch gesehen ist ein Spiel eine Funktion $g : S_1 \times ... \times S_m \rightarrow \mathbb{R}^m$. Einfacher ausgedrückt wird es als :

$$G_T \triangleq \langle N, S, U, I, R, E \rangle$$

Mit G_T ein Spiel. Es umfasst die strategische (normale) Form, die mit G bezeichnet wird, und die extensive Form Γ;

Einfach ausgedrückt wird ein Spiel auch geschrieben

Mit J_T ein Spiel. Es umfasst die extensive und die normale Form

N ist die Menge der Spieler, so dass N= (1,2, ..., n)

S bezeichnet den Raum der Spielerstrategie

s_i ist die Menge der Strategien von Spieler i

U bezeichnet die Funktion der Zufriedenheit in den Augen eines Spielers. Diese

Funktion wird als Spieler-Playoff bezeichnet. Sie kann sowohl in einem kooperativen als auch in einem nicht-kooperativen Spielkontext berechnet werden.

Die beteiligten Spieler verfügen über die Informationen I

R bezeichnet den Ausgang der Spiele

E bezeichnet das Gleichgewicht des Spiels

Dieses Spiel findet unter bestimmten Bedingungen statt

- Individualismus der Spieler: Jeder Spieler ist rational und strebt nach maximaler Zufriedenheit. Dies ist die Bedingung der liberalen Ökonomen, die auf Rationalität beruht.

- eine noch wichtigere Annahme ist die, dass die Spieler über umfassende Informationen verfügen.

In der Regel kennen die Spieler die Regeln des Spiels, wissen aber nicht, welche Entscheidungen getroffen werden.

In der Agrarökonomie muss der Landwirt den höchsten Gewinn anstreben, indem er Produktionsfaktoren kombiniert, um dieses Zufriedenheitsniveau zu erreichen. Zwei Unternehmen, die auf einem Markt kooperieren, haben ein Interesse daran, zusammenzuarbeiten, um Marktanteile zu gewinnen. Für das Gemeinwohl haben die Staaten ein Interesse daran, Verhandlungen zur Rettung des Klimas zu führen.

II. Die Modelle der Spieltheorie

In der Wirtschaft und in vielen anderen Wissenschaften werden die Modelle der Spieltheorie herangezogen. So kann man verschiedene Arten von spieltheoretischen Modellen haben.

- wiederholte und nicht gekennzeichnete Spiele. Ein Spiel ist wiederholt, wenn es mehrmals wiederholt wird. Ein Spiel, das mehrmals wiederholt wird, kann seinen

Ablauf durcheinander bringen. Spieler können sich anpassen, indem sie Informationen fixieren und Verhaltensweisen ändern.

- Spiele mit vollständiger und teilweiser Information

Vollständige Information, wenn ein Spieler die Welt seiner Handlungen und die der anderen Spieler, das Ergebnis seiner Handlungen und das der anderen Spieler sowie die Motive der Spieler kennt. Es ist offensichtlich, dass ein Spiel, bei dem eine der Bedingungen verletzt wird, kein Spiel mit vollständiger Information ist. Es handelt sich um Bayesianische Spiele.

- Spiele mit endlichem und nicht endlichem Horizont

Ein Spiel hat einen endlichen Horizont, wenn die Menge der von den Spielern verfolgten Strategien begrenzt oder endlich ist. Bei den Klimaverhandlungen gibt es zwei Strategien: entweder zu kooperieren oder nicht. Es ist ein Spiel mit endlichem Horizont. Ein multinationaler Konzern, der vor der Entscheidung steht, in einen Markt einzutreten, hat zwei Strategien - ein Spiel mit endlichem Horizont. Das Gefangenendilemma ist ein weiteres Beispiel. Im Gegensatz dazu ist Cournots Duopolspiel kein endliches Spiel.

- statische und dynamische Spiele

In einem statischen Spiel hat jeder Spieler die Möglichkeit, einmal zu spielen. Wenn die Spieler mehrmals spielen können, wird das Spiel dynamisch und dieses Spiel liefert während seines Verlaufs Informationen. Um diese Art von Spiel zu lösen, kann man das Konzept des perfekten Gleichgewichts verwenden.

- Nullsummen- und Nichtnullsummenspiele

Ein Spiel ist ein Nullsummenspiel, wenn die Summe der Gewinne der Spieler gleich null ist. In der Regel gilt: Was ein Spieler gewinnt, verliert der andere.

Wenn die Präferenzen der Spieler durch eine Gewinnfunktion oder eine Nutzenfunktion dargestellt werden, dann ist die Summe der beiden Funktionen immer gleich 0 d.h. $\sum_{i=1}^{2} u_i(s) = 0$. Dieses Spiel in Matrixform wird geschrieben $M = [m_{ij}]$. . Das Nullsummenspiel kann verwendet werden, um eine Situation zu modellieren, in der Wassernutzer in einem wasserarmen Umfeld gegensätzliche Interessen haben.

Die folgende Matrix ist eine Nullsummengewinnmatrix :

$$\begin{pmatrix} a & -b & c \\ -a & b & -c \\ -c & a & -b \end{pmatrix}$$

- sequenzielle und simultane Spiele

In einem simultanen Spiel entscheiden die Spieler gleichzeitig über ihre Strategie. Im Gegensatz dazu kann man in einem sequentiellen Spiel die Reihenfolge der Entscheidungen festlegen, sodass ein Spieler seine Strategie bedingt durch das, was die anderen Spieler zuvor gespielt haben, entscheiden kann. Beispielsweise sind das Gefangenendilemma, das Spiel Blatt-Schere-Stein und das Spiel Cournot-Duopol simultane Spiele. Das Schachspiel und das Go-Spiel sind sequenzielle Spiele.

III-Die besonderen Spiele

1- -Das Dilemma des Gefangenen

Das "Gefangenendilemma" ist ein berühmtes Beispiel aus der Spieltheorie, das Situationen charakterisiert, in denen zwei Spieler ein Interesse daran hätten, zu kooperieren, die Anreize, den anderen zu betrügen, jedoch so stark sind, dass die Kooperation von einem rationalen Spieler nie gewählt wird, wenn das Spiel nur einmal gespielt wird. Er veranschaulicht damit, dass die Gleichgewichtskonzepte der Spieltheorie nicht zwangsläufig zu Zuteilungen führen, die dennoch von allen Spielern bevorzugt würden. Diese Situation führt zur Tragödie der Commons (Hardin, 1968).

$$\begin{bmatrix}(5,5) & (0,6)\\(6,0) & (3,3)\end{bmatrix}$$

Dieses Modell ermöglicht es uns, Konflikte im Zusammenhang mit der Verwaltung natürlicher Ressourcen in einem Rahmen zu analysieren, in dem der Egoismus das Vorrecht der Menschen ist. Die Suche nach Interessen führt zu suboptimalen Gleichgewichten (Ostrom, 1994).

2- Das Angsthasenmodell

Das "Henne-Ei-Spiel" ist ein weiteres Nicht-Nullsummenspiel, bei dem Kooperation belohnt wird. Dieses Spiel ähnelt dem Gefangenendilemma darin, dass es vorteilhaft ist, zu betrügen, wenn der andere kooperiert. Es unterscheidet sich jedoch darin, dass es vorteilhaft ist zu kooperieren, wenn der andere verrät: Doppelte Defektion ist die schlechteste aller Lösungen (also ein instabiles Gleichgewicht), während es im Gefangenendilemma immer vorteilhaft ist, zu verraten, was das Gleichgewicht der doppelten Defektion stabil machte. Doppelte Kooperation ist in beiden Spielen ein instabiles Gleichgewicht.

$$\begin{bmatrix}(6,6) & (5,7)\\(7,5) & (3,3)\end{bmatrix}$$

Die Bezeichnung "Hühnchen" stammt aus dem Automobil-"Spiel" :

- Zwei Autos fahren aufeinander zu, bereit, ineinander zu krachen. Jeder Spieler kann ausweichen und die Katastrophe verhindern (Kooperation) oder auf Kurs bleiben und einen Zusammenstoß riskieren (Defektion).

Es ist von Vorteil, als "harter Hund" aufzutreten, der nicht aufgibt, und den Gegner einzuschüchtern^ solange es einem gelingt, im Spiel zu bleiben.

Konkrete Beispiele finden sich in vielen alltäglichen Situationen: die Instandhaltung des gemeinsamen Hauses eines Paares zum Beispiel oder die Instandhaltung eines

Bewässerungssystems zwischen zwei Bauern. Jeder kann es alleine instand halten, aber beide profitieren gleichermaßen davon. Wenn einer von ihnen seinen Teil der Instandhaltung nicht leistet, hat der andere immer ein Interesse daran, dies an seiner Stelle zu tun, damit er weiterhin bewässern kann. Wenn einer der beiden also einen Ruf als dominanter Unzuverlässiger aufbaut (d. h. wenn es zur Gewohnheit geworden ist, dass immer der andere die Pflege übernimmt), wird er diese Situation wahrscheinlich aufrechterhalten.

Dieses Beispiel lässt sich auch auf die internationale Politik anwenden, wenn zwei Staaten einen Streit haben, der zu einem Krieg führen könnte. Als Angsthase zu gelten ist eine Garantie dafür, dass man später wieder mit der gleichen Situation konfrontiert wird, aber einen Ruf aufrechtzuerhalten ist mit Kosten (militärischer Unterhalt) und Risiken (immer möglicher Krieg) verbunden.

3- Das Versicherungsmodell

Das Versicherungsspiel ist ein Spiel mit mehreren Gleichgewichten. Der Beitrag eines Spielers reicht für die Maximierung des kollektiven Gewinns nicht aus. Beide Spieler haben ein Interesse daran, gleichzeitig einen Beitrag zu leisten, um einen kollektiven Gewinn zu produzieren. Sei die Spielmatrix :

$$\begin{bmatrix} (4,4) & (5,1) \\ (1,5) & (3,3) \end{bmatrix}$$

Es gibt keine dominanten Strategien in diesem Spiel und die Strategien hängen von den anderen Spielern ab. Es gibt generell eine Neigung der anderen Spieler zu kooperieren, wenn ein Spieler kooperiert. Und ebenso, wenn ein Spieler nicht kooperiert, neigen die anderen Spieler dazu, nicht zu kooperieren. In der Struktur dieses Spiels gibt es immer Risiko und Ungewissheit. Denn ein Spieler kann in einer ersten Periode kooperieren und könnte in einer zweiten Periode abspringen. In einem Versicherungsproblem mit n-Personen zeigt Runge (1992), dass der maximale Gewinn erzielt werden kann, wenn alle kooperieren.

IV: Nicht-kooperative Spieltheorie

Die nicht kooperative Spieltheorie lässt sich in zwei Zweige unterteilen: die strategische (normale) Form und die extensive Form.

1- Spiele in strategischer Form

Dieses Spiel ist wie folgt definiert:

$$G \triangleq \langle N, (S_i), (u_i) \rangle$$

N die Menge der Spieler. N= {1, 2, n} ist eine endliche Menge. Jeder Spieler wird mit dem Index i gekennzeichnet;

$(S_i) = \{S_1, S_2, Sn\}$, s_i bezeichnet das Strategieprofil von Spieler i

$(u_i) = (u, u_{12}, u_n)$ ist die Nutzenfunktion des Spielers i

Ein Spiel in strategischer Form findet gleichzeitig statt und jeder Spieler i wählt eine Strategie s_i. Dies bedeutet jedoch nicht notwendigerweise, dass die Spieler gleichzeitig handeln. In der normalen Form eines Spiels wählt jeder Spieler eine Strategie und die Auszahlung, die jeder Spieler erhält, hängt von der Kombination der gewählten Strategien ab. Es handelt sich also um ein statisches Spiel mit vollständiger Information oder es wird angenommen, dass die Spieler rational sind. Die Menge der Spieler muss endlich sein, die Menge der Strategien jedes Spielers kann endlich sein, z. B. beim "Gefangenendilemma" entscheidet jeder Spieler, ob er kooperiert oder nicht, oder unendlich, z. B. beim Cournot-Duopol, bei dem jeder Spieler entscheidet, wie viel er produzieren möchte, und jeden Wert aus der Menge der positiven reellen Zahlen wählen kann Die Präferenzen können auch durch eine Nutzenfunktion oder eine Gewinnfunktion dargestellt werden. Das einfachste Modell eines Spiels in strategischer Form ist das eines Spiels mit zwei Spielern, das wie folgt dargestellt wird:

Tabelle 2: Illustration eines strategischen Spiels zwischen zwei Spielern

		Spieler 2	
		P_1	P_2
Spielerl	S_1	*(w, w)*	*(x,y)*
	S_2	*(y, x)*	*(z,z)*

Diese Matrix beschreibt ein Spiel mit zwei Spielern, Spieler 1 und Spieler 2. Spieler 1 hat zwei Strategien s_1 und s_2, während Spieler 2 die Strategien P_1 und P_2 hat. Die vier Zellen sind die Paare der Gewinne aus der Kombination der Strategien der beiden Spieler.

2- Spiele in extensiver Form

(Wei S. , 2008) Definiert die extensive Form eines Spiels als einen Baum, in dem die aufeinanderfolgenden Phasen des Spiels beschrieben werden, indem alle möglichen Entscheidungen für jeden Spieler aus jeder Situation heraus aufgeführt werden. Jeder Knoten kann potenziell mit einem Gewinnwert, einer Strategie oder einem Spielernamen beschriftet werden, um den Graph mit Informationen zu versehen, die für die durchgeführte Studie nützlich sind.

Definition: Ein Spiel in extensiver Form ist ein endlicher Baum mit einer Menge von Knoten N, die als Spielzustände bezeichnet werden, von denen T die (nicht leere) Teilmenge der Endelemente ist, versehen mit den folgenden Daten:

- *Eine Funktion P: N /→ P, die für den Knoten x angibt, welcher Spieler spielt.*

- *Eine Reihe von Aktionen A.*

- *Für jeden Knoten x ∈ N eine Aktionsfunktion A_x : succ(x) → A injektiv. Wenn also t ein Nachfolger von x im Baum ist, ist A_x (t) die Aktion, die von P (x) in x ausgeführt wird, damit das Spiel den Zustand t annimmt.*

Einfacher ausgedrückt ist ein Spiel in extensiver Form definiert durch :

$$\boldsymbol{\Gamma \triangleq \langle N, H, P, F, (I_i), (U_i)\rangle}$$

Oder ist ein Spiel in extensiver Form

N bezeichnet eine Menge von Spielern

H die Menge der Sequenzen von Spielerentscheidungen in bestimmten Zeitintervallen (als Geschichte bezeichnet) ;

P bezeichnet die Funktionen der Spieler ;

P(h) der Spieler, der die Handlungsentscheidung nach der Geschichte h trifft

F ist die Verteilung der Wahrscheinlichkeiten

P(a/h) die Wahrscheinlichkeit der Aktion a, dass h

$(I_i)=(I_1, I_2, \ldots, I_n)$, Ii die Gesamtheit der Informationen, die Spieler i nach dem Verlauf über die anderen Spieler hat

$(U_i) = (u_1, u_2, \ldots, u_n)$ das Utility-Profil der Spieler ;

Dieses Modell lässt sich entlang der folgenden Fragen zusammenfassen:

- Wer sind die Akteure im Spiel?
- Wann spielen sie?
- Was können sie tun?
- Was wissen sie?
- Was sind ihre Gewinne?
- Was kann die Natur tun?

Wenn vollständige Information vorliegt, kennt jeder Spieler alle Daten des Problems, für sich selbst und für die anderen. Damit ein Spiel jedoch vollständig definiert ist, müssen seine Regeln die Reihenfolge der Züge festlegen. Drei Arten von Situationen sind denkbar:

- oder die Spieler treffen ihre Entscheidungen sequenziell, in einer bestimmten, vorher festgelegten Reihenfolge;
- oder sie treffen ihre Entscheidung gleichzeitig;
- oder sie sind mit gemischten Situationen konfrontiert, in denen aufeinanderfolgende und gleichzeitige Schläge vorkommen.

Die extensive Form wird häufig verwendet, um sequenzielle Spiele zu veranschaulichen. In diesem Spiel haben wir drei Spieler, die jeweils zwei Strategien haben. Spieler 1 spielt zuerst, dann spielt Spieler 2, nachdem er über die Aktionen von Spieler 1 informiert wurde. Spieler 3 ist an der Reihe, nachdem er über die Aktionen von Spieler 1 und 2 informiert wurde. Die Zahlen in Klammern sind die jeweiligen Gewinne der Spieler 1, 2 und 3.

Abbildung 1: Illustration eines dynamischen Spiels mit drei Spielern (Wei, 2008)

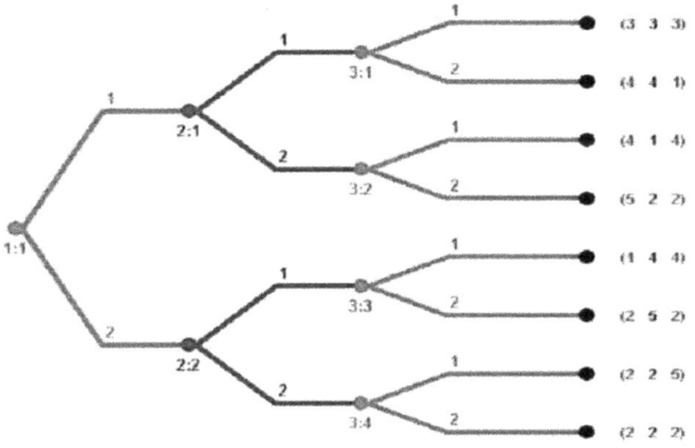

3 Nash-Gleichgewicht

Das Nash-Gleichgewicht ist ein grundlegendes Konzept der Spieltheorie. Es beschreibt ein Ergebnis eines nicht-kooperativen Spiels, bei dem kein Spieler sein Verhalten (oder seine Strategie) angesichts des Verhaltens seiner Rivalen ändern möchte. Im Gegensatz zum kooperativen Konzept wird das Nash-Gleichgewicht in Form von Strategien formuliert.

Definition: Sei $g : g: S_1 \times ... \times S_m \rightarrow \mathbb{R}^m$ *ein Spiel. Ein Punkt* $(s_1 ... s_m)$ *in* $S_1 \times ... \times S_m$ *ist ein Gleichgewicht, wenn für alle j und alle* $x \in S_j$, *gilt:* $g_j(s_1,..., s_{j-1}, x, s_{j+1},..., s_m)$.

Mit anderen Worten: Die Teilnehmer spielen ein Spiel, in dem es keinen (nicht - kooperativen) Austausch gibt. Von allen möglichen Strategien eines Spielers gibt es nur eine, mit der er seinen Gewinn maximieren kann. Denn wenn er eine der anderen Strategien wählt, dann kann er entweder verlieren oder er könnte mehr gewinnen.

V: Kooperative Spieltheorie

Wie der Name schon sagt, geht es in einem kooperativen Spiel um eine Gruppe von Spielern, die Absprachen treffen können, um ihren gemeinsamen Nutzen zu maximieren. Es wird also davon ausgegangen, dass es keine rechtlichen, soziologischen, wirtschaftlichen oder psychologischen Hindernisse für die Zusammenarbeit gibt. Die Zusammenarbeit erfolgt in der Regel in Form einer Koordinierung der Strategien oder einer Vereinbarung, die Gewinne aus dem Spiel zu teilen. Es wird auch angenommen, dass diese monetär bewertet werden, dass alle Spieler einen konstanten Nutzen für die Währung haben, dass interpersonelle Vergleiche des Nutzens möglich sind und dass laterale Zahlungen erlaubt sind.

Die Theorie der kooperativen Spiele, die ein formalisiertes Mittel zur Analyse von Situationen gegenseitiger Abhängigkeit zwischen Wirtschaftssubjekten darstellt, kann auch als eine aus zwei Teilen bestehende Einheit gesehen werden. Der erste beschäftigt sich mit der Beschreibung der Spielregeln und dem Prozess der Gruppierung von Spielern, während der zweite sich auf die Suche nach Lösungen mit bestimmten Eigenschaften konzentriert. In den folgenden Abschnitten wird ein kurzer Überblick über die wichtigsten Begriffe dieser beiden Schwerpunkte gegeben.

1-Beschreibung eines kooperativen Spiels

Ein Spiel kann auf drei verschiedene Arten beschrieben werden, je nachdem, wie detailliert die Regeln des Spiels und die den Spielern zur Verfügung stehenden Aktionen dargestellt werden sollen. So nimmt die entwickelte (oder extensive) Form eine mathematische Beschreibung dieser Regeln und der vollständigen dynamischen Abfolge der Aktionen jedes Spielers vor. Die normale Form beschränkt sich darauf, die Aktionen oder Strategien der Spieler und die mit jeder dieser Aktionen verbundenen Gewinne zu betrachten. Im Zusammenhang mit kooperativen Spielen ist man vor allem an dem Prozess der Koalitionsbildung zwischen den Spielern interessiert und muss daher die potenzielle Stärke jeder Koalition bewerten. Diese Art der Beschreibung eines Spiels wurde durch ein Konzept bereitgestellt, das von Neumann 1928 formulierte und als charakteristische Funktion des Spiels bezeichnet wurde.

In kooperativen Spielen wird die Bildung von Koalitionen zwischen den Spielern untersucht, um bessere Ergebnisse für ihre Mitglieder zu erzielen. Es gibt zwei Kategorien von kooperativen Spielen:

> Kooperative Spiele mit übertragbarem Nutzen: Hier besteht die Möglichkeit, zwischen den Spielern einen Ausgleich zu schaffen. Man spricht auch von kooperativen Spielen mit seitlichen Zahlungen; dies setzt voraus, dass es eine Währung gibt, die für Transfers zwischen den Spielern verwendet wird.

3 Koalitionsspiele und der Kern eines Spiels

I-Koalitionsspiel und charakteristische Funktion

Ein Koalition el-Spiel ist ein Modell für interaktive Entscheidungen, das sich auf das Verhalten von Spielergruppen oder Koalitionen konzentriert.

Eine Koalition ist eine Untermenge $S \subseteq N \equiv \{1, \dots, n\},\ S \neq \emptyset$ der Menge von alle Spieler (2^n -1 Koalitionen sind möglich)

S = {i} Ist die Koalition eines einzelnen Spielers (Singleton)

S = N Esr die Koalition aller Spieler (große Koalition)

Wenn man aus Bequemlichkeit die Existenz einer leeren Koalition zulässt, gibt es 2^n mögliche Koalitionen. Sei *p(n)* die Menge aller Teile von N, dann wird die charakteristische Funktion als eine Funktion mit reellen Werten definiert: *p(N)→R* derart, dass *v(S)* den maximalen Gewinn darstellt, den die Koalition ihren Mitgliedern garantieren kann. Wir können also schreiben, dass eine charakteristische Funktion *v eine* Funktion ist, die jeder Koalition *S* von N einen Wert *v(S)* zuordnet .

$$v: 2^n \setminus \emptyset \rightarrow \mathbb{R}_+$$

Die charakteristische Funktion besitzt die folgenden zwei Eigenschaften:

(i) $v(\varphi) = 0$

(ii) $v(S \cup T) \geq v(S) + v(T)\ \forall S, T \subseteq N, S \cap T = \emptyset$

Während die erste Eigenschaft lediglich die Idee formalisiert, dass der durch eine leere Koalition erzielte Gewinn null ist, besagt die zweite (Überadditivität), dass eine Koalition von Spielern mindestens so effizient ist wie die Gesamtheit dieser disjunkten Subkoalitionen.

II- Ein Fallbeispiel aus dem Logone-Becken

Der Fluss Logone wird von vier großen Orten geteilt, die in der Sprache der Spieltheorie als Spieler betrachtet werden. $N = 1,...,4$ ist also die Gesamtheit der Spieler, die sich denselben Fluss teilen. Die Kooperation besteht darin, dass diese Spieler die Wasserressourcen gemeinsam nutzen, wobei die Möglichkeit besteht, Zahlungen für die Wassernutzung zu transferieren. Dies ist das Konzept der Flexibilität der Wasserzuteilungsregel von (Kilgour & Dinar, 2001) für internationale Becken1. Die Spieler haben a priori anfängliche Wassermengen unter klimatischen Beschränkungen. Diese Spieler können dann gegen Zahlungen Wasser austauschen. So können diejenigen, die ein Wasserdefizit haben, Kompensationen von denjenigen verlangen, die über ausreichend Wasser verfügen. Absprachen und Verhandlungen zwischen den Spielern sind erlaubt und wir gehen davon aus, dass es eine Infrastruktur gibt, die diese Wassertransfers und -mobilität ermöglicht.

Sei N eine Menge aller Spieler, $S \subseteq N$ ist die Menge aller möglichen Koalitionen und $s \in S$ ist eine mögliche Koalition des Spiels. Die nicht-kooperativen Koalitionen sind $\{l\}$, $l = 1.....4$ und die große Koalition wird $\{N\}$ geschrieben. Die Anzahl der Koalitionen ist dann $2^n -1$. Die möglichen Koalitionen reichen vom Singleton bis zur großen Koalition.

Nach der Auswahl der Spieler und Koalitionen formulieren wir die charakteristische Funktion jedes Spielers. Das Ziel der Spieler in einer Koalition ist es, ihre Gewinne aus der kooperativen Wassernutzung zu maximieren. Sei $v(s)$ die charakteristische Funktion der Koalition , die der beste Wert ist, den diese Koalition erreichen kann. Die charakteristischen Funktionen werden dann geschrieben :

$$v(s) = Maxf^s = \sum_i \sum_j \left[p_{zi} \left(\mu_{zi} \left[\sum_j \beta_{zij} x_{zij}^{\gamma_i} \right]^{\vartheta / \gamma_i} \right) - \left(\left(\alpha_{zi} + 0{,}5 \theta_{zi} x_{zi,terre} \right) + \sum_{j \neq terre} \omega_{zij} a_{zij} \right) \right] x_{zi,terre}$$

Sc.

$$\sum_i a_{zij} x_{zi,terra} \leq b_{zj} \colon \forall z, j = \{\text{terre}, \text{eau}, \text{travail}\}$$

$$\sum_t x_{z,eau,t} \leq \xi b_{z,eau} \; \forall z$$

$$\sum_t x_{z,travail} \leq \xi b_{z,travail} \; \forall z$$

Ungleichheitsgleichungen sind Einschränkungen in Bezug auf die Verfügbarkeit von Ressourcen

III- Herz eines Spiels

Eines der Ziele der Theorie der kooperativen Spiele ist es, die Verteilung der Gewinne aus der Zusammenarbeit zu bestimmen, die ein Spielgleichgewicht darstellen können. Das Konzept der Herz-Lösung wurde in die Theorie der kooperativen Spiele eingeführt, um die Menge der Lösungen auf diejenige zu beschränken, die alle Koalitionen gleichzeitig befriedigt. Man sagt, dass das Herz die Menge der Anrechnungen ist, die keine Koalition in einer Situation belässt, in der sie den Gewinn aller ihrer Mitglieder verbessern könnte.

Die Herz-Bedingungen sind eine direkte Verallgemeinerung - und gleichzeitig eine Synthese - der Bedingungen der Pareto-Optimalität und der individuellen Rationalität (Shubik, 1982). Ein Spiel, das ein Herz hat, beinhaltet potenziell weniger Konflikte als ein Spiel ohne Herz, da jeder Wunsch nach Kooperation und Verständigung erfüllt werden kann. In einem Spiel ohne Herz muss mindestens eine Koalition unbefriedigt bleiben, d. h. sie muss nicht das bekommen, was sie potenziell in sich birgt. Mit anderen Worten: Mindestens eine Koalition kann immer noch mehr erreichen, indem sie die Große Koalition verlässt.

Unter den verschiedenen Konzepten für kooperative Lösungen ist das Herz das am häufigsten verwendete. Es stellt den Ausgang des Spiels so dar, dass keine Koalition ein Interesse daran hat, abzuweichen. Eine formale Definition kann durch die Verwendung der charakteristischen Funktion ausgedrückt werden. Das Herz ist die Menge der erreichbaren Gewinnvektoren, die so beschaffen sind, dass :

Eine Imputation $x = (x_1, \ldots, x_n)$ gehört zum Kern 2 eines kooperativen Spiels $< N, v, X >$, wenn und nur wenn :

$\sum_{i \in S} x_i \geq v(S) \; \forall S \subseteq N.$

Wenn man unser oben gegebenes Beispiel betrachtet, kann man das Herz berechnen, indem man die folgende Gleichung löst:

$\Omega_M + \Omega_B + \Omega_S + \Omega_K = v(M, B, S, K) = 17{,}8$ da der Shapley-Wert eine effiziente Allokation bietet.

$$0 \leq \Omega_M - 5{,}33$$

$$0 \leq \Omega_B - 3{,}6$$

$$0 \leq \Omega_S - 4{,}25$$

$$0 \leq \Omega_K - 3{,}33$$

Diese Ergebnisse beruhigen die individuelle Rationalität.

$$0 \leq \Omega_M + \Omega_B - 9{,}375$$

$$0 \leq \Omega_M + \Omega_K - 8{,}125$$

$$0 \leq \Omega_B + \Omega_K - 7{,}5$$

$$0 \leq \Omega_M + \Omega_S - 10{,}3125$$

$$0 \leq \Omega_K + \Omega_S - 8{,}4375$$

$$0 \leq \Omega_B + \Omega_S - 8{,}434$$

$$0 \leq \Omega_M + \Omega_B + \Omega_S - 13{,}055$$

$$0 \leq \Omega_M + \Omega_B + \Omega_K - 11{,}111$$

$$0 \leq \Omega_S + \Omega_B + \Omega_K - 11{,}388$$

$$0 \leq \Omega_M + \Omega_S + \Omega_K - 11{,}944$$

Die Gruppen der Einzelpersonen sind rational.

IV Konvexe Spiele

Formal gibt es keine Beziehung zwischen dem Shapley-Wert und dem Coeur. Der VS wurde ohne jeglichen Bezug zum Coeur konstruiert und kann daher berechnet werden, ohne sich darum zu kümmern, ob das Coeur des Spiels leer ist oder nicht. Ein Hindernis für die Verwendung der VS liegt jedoch in der Verbindung, die zwischen diesen Lösungskonzepten bestehen kann oder auch nicht. Wenn das Herz eines Spiels leer ist, bedeutet dies, wie wir bereits gesehen haben, dass es keine Lösung gibt, die alle Parteien zufrieden stellt. Mit anderen Worten: Es wird immer eine Koalition geben, die ein Interesse daran hat, sich abzuspalten und die Große Koalition zu verlassen. Die Interpretation im Sinne eines Schiedsverfahrens wird unterlaufen, da es keinen Kompromiss gibt, der alle Agenten zufrieden stellt. Die VS besteht daher den Stand-Alone-Test nicht.

Wenn der Kern nicht leer ist, kann es auch vorkommen, dass sich die VS nicht im Kern befindet. Konvexe Spiele stellen jedoch eine Klasse von Spielen dar, bei denen der Kern nicht leer ist und die VS enthält. Außerdem nimmt die VS bei diesen Spielen eine zentrale Position innerhalb des Cores ein.

Diese Spiele zeichnen sich durch einen zunehmenden Ertrag aus der Zusammenarbeit aus, wie die folgende Definition zeigt.

1-Definition: Konvexe Spiele

Ein kooperatives Spiel mit übertragbarem Nutzen ist konvex, wenn es eine der beiden folgenden Eigenschaften erfüllt:

Für jedes i ∈ *N*, jedes *S*, *T* ⊂ *N* \ {i}

$$\{S \subset T\} \Rightarrow \{V(S \cup \{i\}) - v(S) \leq V(T \cup \{i\}) - v(T)\}$$

Und/oder für alles

$$S, T \subset N$$

$$v(S) + v(T) \leq v(S \cup T) + v(S \cap T)$$
(1.12)

Es gilt die Konvention v(Ø) = 0

Diese beiden Ausdrücke lassen sich wie folgt interpretieren. Der marginale Beitrag des Agenten i zur Koalition S ist geringer als sein marginaler Beitrag zu einer Koalition T, die S enthält. Mit anderen Worten: Der marginale Beitrag eines Agenten i ist umso größer, je größer die Koalition ist, der er sich anschließt.

In einem konvexen Spiel ist für jede Rangfolge von N der entsprechende Vektor der Randbeiträge im Coeur. Folglich ist ein konvexes Spiel ausgeglichen. Außerdem ist der Schwerpunkt des Raumes, der von den Vektoren der Randbeiträge umschrieben wird, nämlich der Shapley-Wert, im Herz.

LEMME (Moulin, 1988):

Sei ein konvexes Spiel mit übertragbarem Nutzen *(N,v)* und seien N geordnete Agenten $\{i_1, \ldots, i_n\}$.

Der Vektor der Grenzbeiträge, der diesem Spiel $x_{ik} = v(i_1, \ldots, i_n) - v(i_1, \ldots, i_{k-1})$ entspricht, befindet sich im Herz des Spiels. Folglich ist der Shapley-Wert im Herzbereich. Da der VS als Mittelwert der Vektoren der Randbeiträge definiert ist.

Der Beweis der reziproken Eigenschaft ist in (Ichiishi, 1981) zu finden. Wenn alle Randbeiträge im Herz sind, dann ist das Spiel konvex.

In einem konvexen Spiel nimmt der Shapley-Wert die zentrale Position innerhalb des Herzens ein. In der Tat zeigt (Shapley L. S., 1971), dass die Vektoren der Randbeiträge in einem Spiel den Extrempunkten eines (konvexen) Herzens entsprechen. Mit anderen Worten, das Herz ist ein konvexer Raum, der von den Vektoren der Randbeiträge begrenzt wird.

2 Shapley-Bondareva-Theorem

Ein Spiel hat dann und nur dann ein nicht-leeres Herz, wenn das Spiel ausgeglichen ist.

Einfacher ausgedrückt: Eine Menge (N, v) ist nicht leer, wenn und nur wenn das lineare Programm :

$$\mathrm{Min} \sum_{i \in N} x_i$$

Sc

$$\sum_{i \in N} x_i \geq v(s) \quad \text{Für alles} \quad s \subseteq N$$

Hat eine optimale Lösung mit dem Wert v(N)

X bezeichnet die Zuordnungen jedes Spielers; v bezeichnet die charakteristische Funktion; N ist die Gesamtzahl der Individuen und s eine Teilmenge von N, so dass $s \subseteq N$

Aufgrund der anthropogenen Einflüsse auf das Klima verschlechtern sich die Wasserressourcen im Tschadseebecken stetig. Aufgrund des Marktversagens ist es unmöglich, die Probleme der Externalitäten vollständig zu beseitigen.

4 Der Shapley-Wert und der Nukleolus

Der Shapley-Wert ist eine Allokationsregel für Koalitionsspiele, die jeden Spieler in Höhe seiner marginalen Beiträge zu den Koalitionen eines Spiels entlohnt. Er ist das Ergebnis einer axiomatischen Studie von (Shapley L. S., 1953) über die Klasse der Koalitionsspiele, bei denen die Menge der Spieler fest ist.

Der Shapley-Wert unterscheidet sich von den anderen Lösungen, die im vorherigen Abschnitt erläutert wurden, insofern, als er aus einer A-priori-Einschätzung des Spiels besteht, anstatt das Ergebnis des Spiels zu sein. Diese Eigenschaft macht ihn zu einer Lösung, die in gewisser Weise vom Spielen entbindet. Für mix saucer as motivation sei Shapley zitiert:

"In attempting to apply the theory (of games) to any field, one would normally expect to be permitted to include, in the class of "prospects", the prospect of having to play a game. Die Möglichkeit, Spiele zu bewerten, ist daher von kritischer Bedeutung. So lange die Theorie nicht in der Lage ist, den typischerweise in der Anwendung gefundenen Spielen Werte zuzuordnen, werden nur relativ einfache Situationen - in denen Spiele nicht von anderen Spielen abhängen - für eine Analyse und Lösung anfällig sein."

[31, p. 307

I die Axiome von Shapley

> Effizienzaxiom: $\sum_{i \in N} \varphi_i(v) = v(N)$ Dieses Axiom entspricht der Pareto-Optimalität.

> Symmetrieaxiom: Für jeden Automorphismus π des Spiels $\langle N, v, X \rangle$, $\varphi_i(v) = ö_{\pi i}(v) \forall i \in N$ wobei π eine Permutation von N in N ist. Dieses Axiom bedeutet, dass der Wert, der dem Spieler i zugewiesen wird, nur von seiner strategischen Stärke (und nicht von seinem Wortlaut) abhängt.

Linearitätsaxiom: Wenn x und y zwei charakteristische Funktionen sind, die sich auf die gleiche Menge N von Spielern beziehen, dann

$$\varphi_i(x+y) = \varphi_i(x) + \varphi_i(y) \forall i \in N$$
(2.19)

Null-Spieler-Axiom: Wenn i Null ist, d. h. $v(S \cup \{i\}) = v(S)$ dann $\varphi_i(v) = 0$

II-Shapley-Theorem

Die explizite Formel für den Shapley-Wert ergibt sich aus dem folgenden Theorem:

Satz: Es gibt eine und nur eine Lösung, die die Axiome 1 bis 4 erfüllt. Sie lässt sich explizit berechnen :

$$\varphi_i(v) = \frac{1}{n!} \sum_R \left[v\left(S_i^R \cup \{i\}\right) - v\left(S_i^R\right) \right]$$

Oder durchläuft die Menge aller n Permutationen von *N* und $S_i^R \subseteq N$ ist die Koalition der Spieler, die i in der Reihenfolge R vorangehen.

φ_i] Ist die Shapley-Imputation für Spieler i und ( ) die charakteristische Funktion.

Beispiel für die Anwendung des Shapley-Wertes

Bei der Verwaltung von Wasserressourcen nehmen wir einen Fall an, in dem vier grenzüberschreitende Länder in Konflikt geraten und nicht wissen, wie sie die Ressourcen optimal verteilen sollen. Der Shapley-Wert ist eine Lösung, die eine gerechte Aufteilung der Ressourcen ermöglicht.

III- Der Nukleolus

Die Idee des Nukleus, einer Lösung, die von (Schmeidler, 1969) eingeführt wurde, besteht darin, die maximale Unzufriedenheit zu minimieren oder, anders ausgedrückt, die schrillste Beschwerde zu minimieren.

Seien < und ≤ zwei binäre Beziehungen auf $R^p (P \in \mathbb{N})$, die definiert sind durch :

$$x < y \leftrightarrow [\exists j \in \{1, \dots, p\}: (x_i = y_i \; pour \; i < j) \; et \; x_j < y_j]$$
(2.21)

$$x \leq y \leftrightarrow [x < y \; ou \; x = y]$$
(2.22)

Die Beziehung ist eine Beziehung der totalen Ordnung.

Andererseits definieren wir Komponente für Komponente eine sogenannte Ordnungsanwendung f: : $R^p \rightarrow R^p$

$$f_1(x) = max\{x_j \,/\, 1 \leq i \leq p\} = x_{i1}$$
(2.23)

$$f_1(x) = max\{x_j/1 \leq i \leq p, i \neq i_1, i \neq i_2, i \neq i_{j-1}\} = x_{1j}$$

Definition: Als Nukleolus eines kooperativen Spiels $< N, v, X >$ *wird eine Imputation* $(\bar{X}_i)_{i \in N}$ *bezeichnet, so dass für jede Imputation* $(x_i)_{i \in N}$ *gilt:*

$$f(v - \bar{x}) \leq f(v - x)$$

Wenn $v(S) - x(S) > 0$ die Koalition S sich durch die Unterstellung x geschädigt fühlt, und Nutznießer wenn Wenn $v(S) - x(S) < 0$, $v(S) - x(S)$ die Unzufriedenheit der

Koalition S mit der Unterstellung x misst und x die maximale Unzufriedenheit minimiert.

Zwei Dinge machen den Nukleolus besonders interessant. Zum einen ist er einzigartig und zum anderen gehört der Nukleolus zum Kern, wenn dieser nicht leer ist. Dadurch kann sozusagen eine Imputation des Kerns ausgewählt werden, wenn er mehrere enthalten würde. In der ökonomischen Literatur, die sich mit sozialer Wohlfahrt befasst, gibt es eine von Rawls angebotene Analogie zum Nukleolus, der vorschlägt, mangels Erreichung des Pareto-Optimums in bestimmten Fällen die Nutzenfunktion des am stärksten benachteiligten Individuums zu maximieren.

Der Kern eines kooperativen Spiels kann leer sein, da einige Teilkoalitionen größere Motivationen liefern als die große Koalition. Umgekehrt können Situationen entstehen, in denen der Kern zwar existiert, aber zu groß ist und das Allokationsproblem anderen zusätzlichen Verhandlungen überlässt.

Der Nukleus-Ansatz löst dieses Problem, indem er die Ungleichheit der unzufriedenen Koalitionen verringert (Schmeidler, 1969).

Der Nucleolus des Gewinnverteilungsspiels kann durch das folgende Optimierungsmodell bestimmt werden, indem ε bestimmt wird:

$$Max\ \varepsilon$$

Sc

$$\varepsilon \leq \sum_{l \in N} \Omega_l - v(s) \forall s \in S, S \subseteq N$$

$$\sum_{l \in N} \Omega_l = v(N)$$

$$\varepsilon \lesseqgtr 0$$

wobei die maximale Steuer ist, die auf alle Koalitionen erhoben wird, um sie im Kern zu halten.Die Lösung dieser Gleichungen sieht eine gerechte und effiziente Verteilung der Vorteile für die Spieler vor, die auf dem Prinzip der Fairness beruht. Die Verteilung durch den Nukleolus ist die einzige Lösung, die immer im Kern ist, vorausgesetzt, sie ist nicht null.

Um sicherzustellen, dass eine kooperative Lösung in der Praxis funktioniert, muss sie nicht nur im Kern sein, sondern auch stabil sein. Im Kern zu sein ist eine notwendige Bedingung dafür, dass eine kooperative Lösung von den Spielern akzeptiert wird, aber es garantiert nicht die Stabilität einer Lösung, da einige Spieler die Lösung möglicherweise unzufrieden finden. Lösungen, die als unfair angesehen werden, sind nicht stabil.

Einige Spieler könnten aufgrund ihrer kritischen Position in der großen Koalition damit drohen, die große Koalition zu verlassen und Teilkoalitionen zu bilden. Die Stabilität jeder Lösung ist angesichts der Transaktionskosten und der festen Investitionen wichtig; eine stabile Lösung wird immer bevorzugt, auch wenn sie schwer zu erreichen ist.

Es werden jedoch einige Lösungen vorgeschlagen, um die stabilsten und akzeptabelsten Ergebnisse zu finden.

Wie der Shapley-Wert ermöglicht er die gerechte Zuteilung von Ressourcen, indem er Konflikte bei der Verteilung vermeidet. Man erhält ihn, indem man folgendes aus dem Logon löst:

$$\max e$$

Sc

$$e \leq \Omega_M - v(M)$$

$$e \leq \Omega_B - v(B)$$

$$e \leq \Omega_S - v(S)$$

$$e \leq \Omega_K - v(K)$$

$$e \leq \Omega_M + \Omega_B - v(M,B)$$

$$e \leq \Omega_M + \Omega_K - v(M,K)$$

$$e \leq \Omega_B + \Omega_K - v(B,K)$$

$$e \leq \Omega_M + \Omega_S - v(M,S)$$

$$e \leq \Omega_K + \Omega_S - v(K,S)$$

$$e \leq \Omega_B + \Omega_S - v(B,S)$$

$$e \leq \Omega_M + \Omega_B + \Omega_S - v(M,B,S)$$

$$e \leq \Omega_M + \Omega_B + \Omega_K - v(M,B,K)$$

$$e \leq \Omega_S + \Omega_B + \Omega_K - v(S,B,K)$$

$$e \leq \Omega_M + \Omega_S + \Omega_K - v(M,S,K)$$

$$\Omega_M + \Omega_B + \Omega_S + \Omega_K = 28{,}8$$

Die folgende Tabelle fasst die Zuteilungen durch die Nukleolusanalyse zusammen

IV-Stabilität der Koalition

Loehman et al. (1979) verwendeten einen Ex-post-Ansatz, um die Macht in einem kooperativen Spiel zu messen. Der Loehman-Machtindex $(\theta_l\ )$ vergleicht die Gewinne eines Spielers mit den Gewinnen der Koalition. Der Machtindex $(\theta_l\ )$ ist gegeben

durch :

$$(\boldsymbol{\theta}_l) = \frac{\Omega_l - v(\{l\})}{\sum_{l \in N}(\Omega_l - v(\{l\}))}$$

wobei Ω_l der Verteilungsgewinn für Spieler l ist. Der Machtindex wird als Indikator für die Stabilität der Allokationen für die verschiedenen Kooperationsinstitutionen verwendet. Je höher der Machtindex eines Spielers n ist, desto größer ist seine

Neigung, zu kooperieren und in der großen Koalition zu bleiben. Wenn die Macht ungleich verteilt ist, ist es wahrscheinlicher, dass die Koalition stabil ist.

Der Variationskoeffizient der Machtindizes der einzelnen Akteure ist definiert als der Stabilitätsindex der großen Koalition 0. Der Stabilitätsindex ist gegeben durch :

$$S=\frac{\sigma}{\bar{\theta}}.$$

σ ist die Standardabweichung der Machtindizes ;

$\bar{\theta}$ ist der Durchschnitt der Machtindizes.

Je niedriger dieser Index, desto stabiler die Kooperation

5 Verhandlungsspiele durch Nash-Harsanyi-Schiedsverfahren

I-Spezifizierung von Verhandlungsmodellen

Die Spieltheorie ist eine reichhaltige, multidisziplinäre Theorie, die darauf abzielt, das Verhalten von Akteuren zu modellieren und zu optimieren, die in einem Wettbewerbsumfeld Entscheidungen treffen (genauer gesagt, die Handlungen des einen wirken sich auf die Gewinne des anderen aus). Sie ist das Erbe von Mathematikern, die zu den größten des zwanzigsten Jahrhunderts zählen, wie Von Neumann und Nash. Die Spieltheorie hat Wurzeln in der Soziologie, Wirtschaft, Mathematik, Operations Research etc. In dieser Arbeit stellen wir eines der Hauptkonzepte dieser Theorie vor, nämlich das Nash-Gleichgewicht, das häufig in verschiedenen technischen Anwendungen (Nuance, Lieferkettenmanagement, Automobilindustrie, Aerodynamik und Strukturmechanik) verwendet wird. Mehrere Papiere haben sich mit diesem Konzept befasst, darunter: (Cachon.2004) (Leng.2005) (Armantier.1998) und (Abou El Majd.2010).

Nach Nash bezeichnet der Begriff Verhandlung eine Situation, in der

- Es besteht ein Interessenkonflikt hinsichtlich der zwischen Einzelpersonen zu treffenden Vereinbarung

- Einzelpersonen dürfen ohne ihre Zustimmung keine Vereinbarungen aufgezwungen werden.

- Einzelpersonen können aus freien Stücken Vereinbarungen treffen.

Diese Situationen führen also zu Verhandlungen (Nahahari,2012)

II-Problem des Verhandelns

Der Einfachheit halber beschränken wir uns auf ein Feilschenproblem mit zwei Spielern.

Ein Zwei-Personen-Verhandlungsproblem ist ein Paar (F, d), wobei F die Menge der Machbaren und d der Punkt der Unannehmlichkeiten genannt wird. $d \in F$ Und F ist eine Teilmenge von $\mathbb{R}^n$, die die Eigenschaften erfüllt.

- F ist konvex und geschlossen
- F ist beschränkt

$\exists f \in \mathbb{R}^n \,/\, f_i < \overline{f_i}$ Für jedes f aus F

- Wird im Sinne von Pareto beherrscht
- $\exists f \in F \,/\, f_i < d_i$ $\forall_i$ Von 1 bis n

U ist nicht leer, weil der Punkt der Uneinigkeit zu F gehört. F ist konvex, weil die Spieler risikoscheu sind.

U ist begrenzt, da die Gewinne begrenzt sind.

Eine Lösung des Verhandlungsproblems ist eine Funktion, so dass jedem Problem (U, d) zugeordnet wird $\overrightarrow{u} = f(u, d)$.

1-Nash-Negotiation

Im Rahmen der Spieltheorie wurde das Nash-Gleichgewicht von John Forbes Nash vorgeschlagen. Betrachten wir ein Spiel mit mehreren Spielern, bei dem jeder Spieler seine Position verbessern möchte. Das Nash-Theorem besagt, dass es unter bestimmten Annahmen (Theorem 1) mindestens einen Gleichgewichtspunkt gibt, an dem jeder Spieler seine Position nicht mehr einseitig verbessern kann. Dieser Punkt wird als Nash-Gleichgewicht (EN) bezeichnet (Gebot 1).

1.1 Kovarianz-Axiom der Skala

Nach diesem Axiom bleibt das Endergebnis unabhängig; davon, wie die

Nutzenskalen der Spieler kalibriert werden. Es ist eine Eigenschaft der Invarianz durch eine affine Transformation. Das heißt, dass die Veränderung der Nutzenskala nur eine lineare Transformation ist (Ravaliminoarimalason et al.2014). Da eine Familie s von streng wachsenden affinen Transformationen gegeben ist, gilt :

$$f(s(u), s(d)=s(f(u, d)$$

Axiom der individuellen Rationalität und starken Effizienz

Individuelle Rationalität bedeutet

$$f(u, d) \geq d$$

f(u,d) ist auch Pareto-effizient

$$u' > f(u, d) \Longrightarrow u' \notin u$$

1.2 Axiom der Unabhängigkeit von irrelevanten Entscheidungen

Wenn u_1 ein Zahlungsvektor ist, der von den Spielern akzeptiert wird, während u_2 erreichbar ist, dann werden sie sich nie auf u_2 einigen, wenn u_1 erreichbar ist. Betrachten wir v eine Teilmenge von U, die den Punkt f (u, d) einschließt. Punkte in U, die nicht aus V sind, sind irrelevante Punkte, wenn die Verhandlungslösung zur Wahl von f (u, d) für das zugehörige Problem (U, d) führt, dann sollte sie auch zur Wahl von f (V, d) führen, das dem Problem (V,d) entspricht. Denn diese Wahl sollte unabhängig von anderen, irrelevanten Entscheidungen sein.

Wenn $d \in V \subseteq U$ dann

$$f(U; d) \in V: f(V, d) = f(U, d)$$

Symmetrie-Axiom

Es besagt, dass wenn die Positionen von Spieler 1 und 2 während der Verhandlung völlig symmetrisch sind, die Spieler dann das Gleiche erhalten. Dieses Axiom wird mathematisch ausgedrückt, indem man eine Funktion verwendet

$s\colon \mathbb{R}^n \longrightarrow \mathbb{R}^n$ die Spieleranrechnungen vertauschen

$s(u_1, \ldots, u_n)$ bezeichnet eine Permutation der Ränge von u_1 ,...u_n in den Tupeln $(u_1, \ldots, u_n)$

$$f\big(s(u), s(d)\big) = s(f(u, d))$$

Basierend auf den stichhaltigen Argumenten zeigte Nash, dass die Lösung, die alle fünf Axiome erfüllt, existiert und einzigartig ist.

1.3 Kritik an der Nash-Verhandlung

Mehrere Autoren haben das Schiedsverfahren von Nash überprüft und kritisiert (siehe insbesondere die detaillierte Analyse von Bishop (1963)). Alle Axiome, die Nash zur Bestimmung der Lösung des Verhandlungsproblems vorschlug, wurden relativ positiv aufgenommen, mit Ausnahme des Axioms der Unabhängigkeit (der Lösung) von externen Entscheidungen. Übrigens hatte Nash selbst geschrieben, dass dieses Axiom unbestreitbar am schwierigsten zu begründen ist. Das kritische Argument ist, dass die Einführung neuer extremer Möglichkeiten in ein Verhandlungsspiel bei gleichbleibendem Status quo (intuitiv) einen Einfluss auf die Lösung haben sollte. (MAYA & NGOUHOUO, 2018) Wissen, dass die qualitative Verschlechterung der Wasserressourcen Konflikte zwischen den verschiedenen Wassernutzern verursacht. Daher müssen die Anrainer zu Verhandlungen übergehen, um Konflikte zu vermeiden, woraus sich die von Nash vorgeschlagene Lösung ergibt.

Die von Nash vorgeschlagene Lösung ist gegeben durch :

$max \prod_{i=1}^{4}(s_i - d_i)$

Unter Zwang

$$s_i \geq d_i$$

Sie liefert eine eindeutige Lösung, die die Nash-Axiome erfüllt.

2-Negotiation durch Kalai-Smorodinsky-Spiel

Das Kalai-Smorodinsky-Gleichgewicht (KS) wird als eine der Alternativen zum Nash-Gleichgewicht angesehen, es wurde von Raiffa (1953) definiert und von Kalai und Smorodinsky (1975) charakterisiert. Dieses Gleichgewicht ist mit der von Nash gegebenen Lösung für das Verhandlungsproblem verbunden, und in den meisten Publikationen, die dieses Problem behandeln, wie ((Kalai.1975); (Nagashisa, 2002); (Bozbay, 2012) , können wir diese Beziehung leicht beobachten, da wir finden, dass die von den beiden Ansätzen präsentierten Lösungen fast die gleichen Eigenschaften haben (3 von 4 gemeinsamen Eigenschaften).

Der KS-Ansatz ermöglicht es uns, ein Gleichgewicht zu dentieren, das vier Axiome erfüllen muss: KS ist eine effiziente Lösung (Pareto-Front-Lösung), unabhängig, symmetrisch und monoton (weitere Details finden Sie in den oben zitierten Referenzen).

Wenn wir die Argumentation von (Ravaliminoarimalalason, Andriamanohisoa, & Randimbindrainib, 2004) übernehmen, bezeichnen wir U^+ als die Menge der individuell rationalen Entscheidungen.

$U^+ = \{u \in U / u \geq d\}$ für ein Verhandlungsproblem (U,d). Wir nennen diesen Punkt den idealen Punkt

$U_M = (U_{1M}, \dots U_{nM})$ oder wenn U_{iM} das Maximum darstellt, das der Spieler i kann hoffen erhalten

$U_{iM} = max\{U_i\}$

(4.3)

$U_i \geq 0$

(4.4)

$U_i \in U$

Die entwickelte Lösung besteht darin, die Nutzen im Verhältnis zu ihren von UM definierten Bestrebungen neu zu verteilen. Sie läuft darauf hinaus, den Punkt auf der Grenze des Verhandlungsraums U festzuhalten, durch den die Verbindungsgerade zwischen dem Punkt Utopia und dem Punkt Nadir verläuft.

Wenn wir mit U^* die Lösung und den Proportionalitätskoeffizienten bezeichnen, haben wir :

$$U^* = \alpha U_M$$

Die definierte Proportionalitätsregel basiert auf einem Monotonizitätsaxiom, das sich an die vier Nash-Axiome anhängt und das Axiom der Unabhängigkeit von irrelevanten Entscheidungen ersetzt.

Ein Verhandlungsproblem ist für einen Spieler besser als ein anderes, wenn er bei dem ersten Problem mehr erwarten kann als bei dem zweiten. Das Monotonizitätsaxiom besagt, dass die Lösung des ersten Problems nicht schlechter sein darf als die Lösung des zweiten Problems. Wir haben:

$$max\{u_i/(u_i, \breve{u}_{-i}) \epsilon\, U^+\} \geq max\{u_i/(u_i, \breve{u}_{-i}) \epsilon\, V^+\}$$

Monotonizitätsaxiom

Es seien zwei Verhandlungsprobleme (U,d) und (V,d). (U,d) ist besser als (V,d) impliziert

$$f_i(U,d) \geq f_i(V,d)$$

Die so konstruierte Lösung wird als relativ egalitäre Lösung oder Kalai-Smorodinsky-Lösung bezeichnet.

Sie wird durch das Lösen der Gleichung :

$$\frac{s_i - d_i}{s_i^* - d_i} = k$$

(4.5)

s_i ist das Play-off auf dem Pfad Kollusion

s_i^* ist der maximale Payoff, wenn die Gewinne der anderen Spieler so

3-Die Verhandlung hat eine gleichberechtigte Lösung

Für die egalitäre Lösung muss man die Gleichung lösen:

$$s_{i-}d_i = v$$

s_i und d_i sind weiter oben definiert.

3 - Das Maschler-Verhandlungsspiel - Perlen

(MASCHLE & PERLES, 1978) haben ein Verhandlungsspiel vorgeschlagen, das alle Zutaten des Nash-Spiels enthält, außer auch hier das Axiom der Unabhängigkeit von externen Entscheidungen, das sie durch ein Axiom der Überadditivität ersetzt haben. Dieses lautet: Wenn der Wert eines Spiels durch US und der eines anderen durch UT gegeben ist und beide Spiele gleichzeitig betrachtet werden, dann gilt US+T= US +UT. Maschler und Perles haben bewiesen, dass dieses Verhandlungsschema eine eindeutige Lösung hat. Es sei darauf hingewiesen, dass dieses Axiom eine noch stärkere Version des von Shapley angenommenen Linearitätsaxioms ist und daher die gleiche Kritik an ihm geübt werden kann. Im Allgemeinen unterscheidet sich die

Lösung, die sich aus dem Modell von Maschler und Perles ergibt, von den Ergebnissen, die durch die beiden vorherigen Schlichtungsverfahren hervorgerufen wurden.

4 Das Rosenthal-Arbitrage-Modell

Das Arbitragemodell von (ROSENTHAL, 1976) steht in der Tradition der Modelle von Nash (1950, 1953) und Kalai-Smorodinsky (1975), bei denen es sich um Lösungsaxiomatiken handelt, die von Zeuthen (1930) bzw. Raiffa (1953) eingeführt wurden. Rosenthals Ansatz unterscheidet sich von denen der oben genannten Autoren zum einen dadurch, dass er den Gewinn betont, den ein Spieler erzielen kann, wenn er sich vor dem anderen für eine bestimmte Wahl entscheidet, und zum anderen durch seine Allgemeingültigkeit, d. h. er ist auch auf Spiele ohne Seitenzahlungen und variablen Status quo anwendbar.

Um die Eindeutigkeit der Lösung seines Arbitragemodells zu beweisen, ersetzte Rosenthal außerdem das Axiom der Unabhängigkeit von externen Entscheidungen durch ein Monotonizitätsaxiom.

Bibliografie

Adar, Z., & Griffin, J. (1976). Uncertainty and the choice of pollution control instruments. *Journal of environmental economics and management*, 178-188.

Ambec, S., & Ehlers, L. (2008). Sharing a River among Satiable Countries. *Games and Economic Behavior, 1*(64), 35-50.

Ambeec, S., & Sprumont, Y. (2002). Sharing a River. *Journal of Economic Theory,, 2*(107), 453-462.

Bishop, R. (1963). Game Theoric Analysis of Bargaining. *Ouar- terly Journal of Economics*, 559-602.

Carraro, C., Marchiori, C., & Sgobbi, A. (2005). Applications of Negotiation Theory to Water Issues. *World Bank Publications*.

Cérvénka, J., Cernik, O., Mihola, J., & Valencik, R. (2015). Analysis of Financial Markets Evolution by Utilizing the Theory of Cooperative Game. *In: Proceedings of the 7th International Conference on "Financial Markets within the Globalization of World Economy"*, 36-46.

Dinar, A., & Howitt, R. (1997). Mechanisms for allocaton of environ,ental control cost:empirical test of

Harsanyi, J. (1959). *A bargaining model for the cooperative n-person game.* Princeton University Press.

Kalai, E., & Smorodinsky, M. (1975). Other Solutions to Nash's Bargaining Problem. *Econometrica, 3*(43), 513-518.

Kersten, G., & Noronha, S. (199). Supporting International Negotiation with a WWW-Based System. *Decision Support Systems, 25*, 135-154.

Kilgour, Fang, D., & Hipel, K. (1992). Game-theortic analyses of enforcement of environmental laws and regulations. *Water resources bulletin, 28*(1), 141-154.

Loehman, E., Orlando, J., Tschirhart, J., & Winstion, A. (1979). Cost allocation for a regional wastewater treatment system. *water resources research, 15*, 193-202.

Mariotti, M., & Villa, A. (2005). The Nash rationing problem. *International Journal of Game Theory*, 367-377.

MASCHLE, M., & PERLES, M. (1978). The Superadditive Solution for the Nash Bargaining Gaine. *n report on Fourth International Workshop on Gaine Theory*.

MAYA, E., & NGOUHOUO, I. (2018). *Qualitative Bewirtschaftung der Wasserressourcen im Logone-Becken.* Editions Universitaires Européenes.

Melnikovovà, L. (2017). CAN GAME THEORY HELP TO MITIGATE WATER CONFLICTS IN THE SYRDARYA BASIN. *ACTA UNIVERSITATIS AGRICULTURAE ET SILVICULTURAE MENDELIANAE BRUNENSIS, 4*(65), 1393-1401.

Moulin, H. (1988). Axioms of cooperative decision making. *Econometric Society Monograph*.

Nagashisa, R. (2002). An axiomatization of the Kalai-Smorodinsky solution when the feasible sets can be finite. *Social Choice and Welfare*, 751-76.

Nash, J. (1953). Two-person Cooperative Games. *Econometrica, 21*, 128-140.

Ostrom (1990). Governing the commons: the evolution of institutions for collective action. *Cambridge University Press*.

Ostrom, E. (1996). Governing the commons. *Cambridge, Massachusett.*

In: Proceedings of ASCE environmental and water resour inst conf, Virginia, 19-22.

Raiffa, H. (1982). The Art and Science of Negotiation . *Belknap/Harvard University*

Press.

Raith, M., & Wetzel, A. (1998). Adjusted Winner: An Algorithm for Implementing Bargaining Solutions in Multi-Issue Negotiations. *Working Paper.*

Ravaliminoarimalalason, T., Andriamanohisoa, H., & Randimbindrainib, F. (2004). Modelling sharing of resources in a shared processor queue network by the theory of merchant games. Algorithmic resolution (Algorithmische Lösung). *MADA-ETI, 2.*

ROSENTHAL, R. (1976). An Arbitration Model for Normal Fore Games. *Mathedatics of °pirations Research,, 1,* 82-88.

Schmeidler, D. (1969). the nucleuis of a characteristic function game. *Journal of applied Maqthematics, 17,* 1163-1170.

Shapley, L. (1971). Cores of convex games. *International journal of game theory, 1*(1), 11-26.

Shapley, L. S. (1953). A value for n-person games. *Annals for mathematical studies, 28,* 307-318.

Shapley, L. S. (1971). Cores of convex games. *Internarional Journal of Game Theory, 1,* 11-26.

Shubik. (1982). Théories des Jeux et Sciences Sociales (Spieltheorien und Sozialwissenschaften). *Economica.*

Von Neumann, J., & Morgenstern, O. (1944). Theory of games and economic behavior (Theorie der Spiele und des Wirtschaftsverhaltens). *Princeton University Press.*

Wei, & Gnauck. (2007c). *Simulating water conflicts using game theortical models for water resources management* (Vol. VI). (M. Tiezzi, Hrsg.) Southampton,Boston: WITT Press.

Wei, S. (2008). *On the use of game theortic models for water resources management.* Dissertation, Brandenburgische Technische Universität Cottbus.

Wei, S., & Gnauck, A. (2007b). Game theortical approaches to model water conflicts on a river basin scale. 22-40.

Milton Keynes UK
Ingram Content Group UK Ltd.
UKHW040800010823
426141UK00001B/169

9 786206 212683